まちごとチャイナ

Hong Kong 002 Central
中環と香港島北岸
ヴィクトリア・ピークと「100万ドルの夜景」

Asia City Guide Production

【白地図】香港

CHINA
香港

【白地図】香港中心部

CHINA
香港

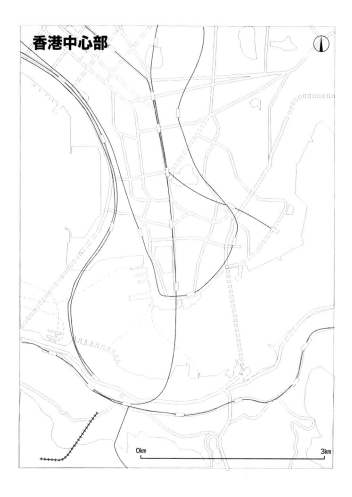

【白地図】セントラル中環

CHINA
香港

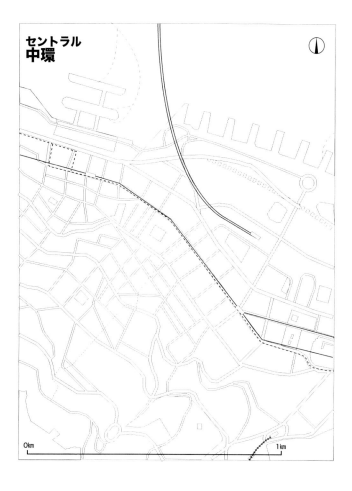

【白地図】スタチュースクエア皇后像廣場

CHINA
香港

**スタチュースクエア
皇后像廣場**

Central 白地図

【白地図】ミッド・レベルズ半山區

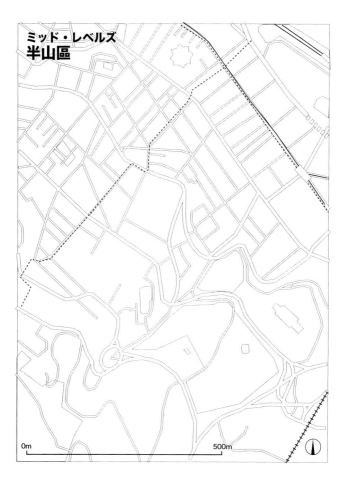

【白地図】太平山ヴィクトリアピーク

CHINA
香港

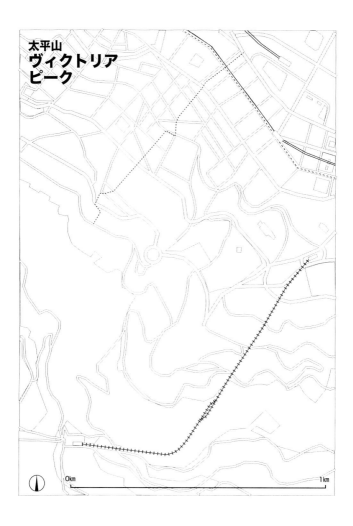

【白地図】アドミラルティ金鐘

CHINA
香港

アドミラルティ
金鐘

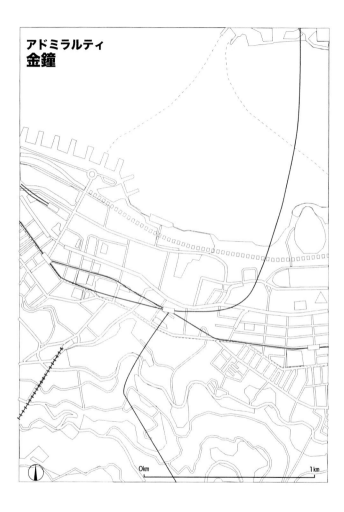

【白地図】ワンチャイ灣仔

CHINA
香港

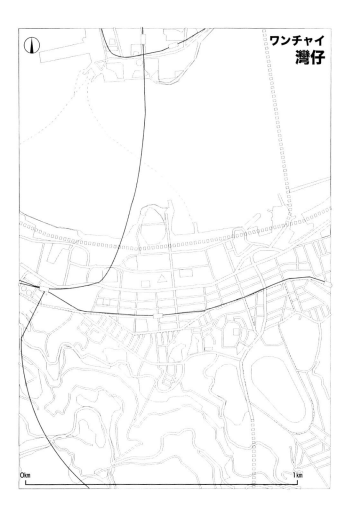

【白地図】ヘリテイジトレイル灣仔歷史文物徑

CHINA
香港

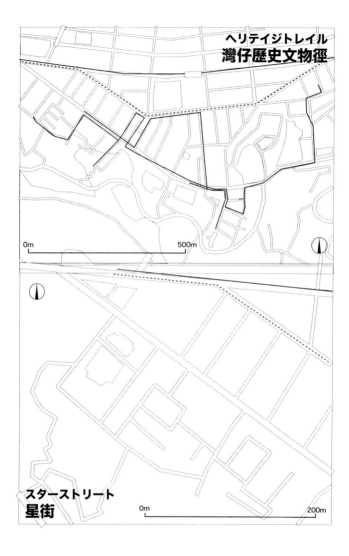

【白地図】コーズウェイベイ銅鑼灣

CHINA
香港

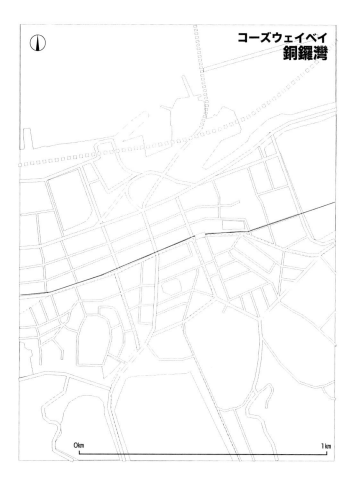

【白地図】ノース・ポイント北角

CHINA
香港

ノース・ポイント
北角

【まちごとチャイナ】

香港 001 はじめての香港

香港 002 中環と香港島北岸

香港 003 上環と香港島南岸

香港 004 尖沙咀と九龍市街

香港 005 九龍城と九龍郊外

香港 006 新界

香港 007 ランタオ島と島嶼部

CHINA
香港

　中国大陸の東南隅から伸びる九龍半島先の南海に浮かぶ香港島。ヴィクトリア・ハーバーにのぞむように超高層ビル群がパノラマを描き、摩天楼をつくっている。これら高層建築は20世紀後半から競うように建てられ、世界的な企業がオフィスを構える「アジアの金融センター」となっている。

　このようなビル群が見られる中環や灣仔、銅鑼灣が位置する香港島の北岸は、香港はじまりの地でもある。アヘン戦争のさなかの1841年、この地に上陸したイギリスはユニオン・

Central 中環セントラル
ヴィクトリア・ピークと「100万ドルの夜景」

ジャックを立て、中環を拠点に半農半漁の寒村がたたずむに過ぎなかった島の開発が進められた（1842年の南京条約で正式に香港島は、中国からイギリスに割譲）。

香港上海銀行、ジャーディン・マセソン商会といったイギリス系企業が進出し、自由な貿易、経済活動のもと「イギリスの植民都市」として香港は繁栄するようになった。1997年7月1日、香港はイギリスから中国に返還され、現在では一国二制度のもと、香港特別行政区の政治、経済の中心が香港島におかれている。

【まちごとチャイナ】

香港 002 中環と香港島北岸

目次

CHINA
香港

中環と香港島北岸 …………………………………………xxiv

摩天楼を描く香しい島…………………………………………xxx

中環城市案内……………………………………………xxxvii

半山區城市案内 …………………………………………lix

太平山鑑賞案内 …………………………………………lxxvii

金鐘城市案内……………………………………………lxxxiv

灣仔城市案内……………………………………………xci

銅鑼灣城市案内……………………………………………cvii

北角城市案内 ……………………………………………cxxi

イギリス植民都市の発展 …………………………………cxxx

【MEMO】

【地図】香港

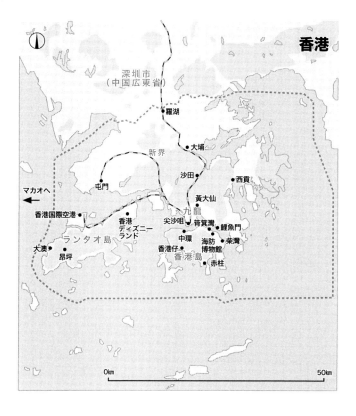

摩天楼を描く香しい島

CHINA
香港

広大な中国大陸からすると、小さな点のような香港島
19世紀、イギリスの植民都市として開発がはじまり
20世紀には世界的な都市へ成長した

香港島とは

東西15km、南北最大9kmの面積をもつ香港島。崑崙山脈に発した龍脈が九龍半島を通り、一旦ヴィクトリア・ハーバーにもぐって島へ渡ると言われ、風水的に最高の場所だとされる（とくに摩星嶺、西營盤、上環、中環、北角に龍脈がたまる）。島は中央部が山塊となっていて、わずかな平地部分の北岸と南岸へいたる急な角度の斜面をもつ。堅い花崗岩を地盤にする岩石島であるところから、良好な港を備えるが、食糧、水源の確保が難しく、あらゆる資源を中国大陸に依存している。そのため、19世紀にイギリスが香港を訪れたとき、この島は

▲左 ２階建てのバスとトラムが走る香港の知られた光景。　▲右　ヴィクトリア・ピークの斜面を利用して店がならぶ

「不毛の島」とも言われ、獲得に否定的な意見も多かった。

香港島の発展

1842年の南京条約で香港島がイギリスに割譲されると、まずヴィクトリア・ハーバーに面した香港島北岸を東西に走る皇后大道が敷かれ、ここに植民都市の建設がはじまった。総督官邸をはじめとする行政機関は中環におかれ、海岸線近くに貿易商が拠点を構えた。街の建設にあたって、仕事を求める多くの中国人労働者が流入し、中環の周囲の灣仔や上環に中国人街ができた。香港の開発は、北岸からヴィクトリア・

CHINA
香港

ピークに向かって進み、限られた土地しかもたない香港では、土地を埋め立てることで面積を拡大させてきた。また19世紀当時、海岸線のそばだった皇后大道はヴィクトリア・ハーバーの埋め立てとともに内陸側に入っている。

摩天楼の世界

それほど広くない香港島の土地事情もあって、天をつくような超高層ビル群がヴィクトリア・ハーバーに面して立ちならんでいる。20世紀になって建物を高くすることで容積率をとり、空間を利用するといったことが香港はじめニューヨー

Central 摩天楼を描く香しい島

▲左　中環、灣仔、銅鑼灣、香港島北岸はビジネス拠点。　▲右　眼前には南海が広がる、ヴィクトリア・ピークから

クや東京などの各都市で行なわれてきた（人類の高さへのあこがれは古くから知られるが、産業革命以後の工業化などの条件も整った。また地価の高さを補うことができた）。とくに香港島は花崗岩の堅い地盤をもち、地震が少ないことから、都市の高層化が進められている。200mを超す超高層ビルでは、1階ずつとまるエレベーター、10階ごとにとまるエレベーターなどが用意され、1階、10階、50階といった各階層を結ぶ縦の動線となっている。また商業施設、住居、レジャー施設がひとつの建物に入った複合建築では、その建物自体がひとつの街だと考えられる。

【地図】香港中心部

【地図】香港中心部の [★★★]
- [ ] 維多利亞港 Victoria Harbour ヴィクトリア・ハーバー
- [ ] 中環 Central セントラル
- [ ] 太平山 Victoria Peak ヴィクトリア・ピーク
- [ ] 灣仔 Wanchai ワンチャイ
- [ ] 銅鑼灣 Causeway Bay コーズウェイベイ

【地図】香港中心部の [★★☆]
- [ ] 天星碼頭 Star Ferry Pier スターフェリー・ピア
- [ ] 半山區 Mid Levels ミッド・レベルズ
- [ ] 蘭桂坊 Lan Kwai Fong ランカイフォン
- [ ] 金鐘 Admiralty アドミラルティ

【地図】香港中心部の [★☆☆]
- [ ] 皇后大道 Queen's Road クイーンズ・ロード
- [ ] 香港會議展覽中心 Hong Kong Convention & Exhibition Centre 香港コンベンション＆エキシビジョンセンター (HKCEC)
- [ ] 跑馬地 Happy Valley ハッピー・バレー

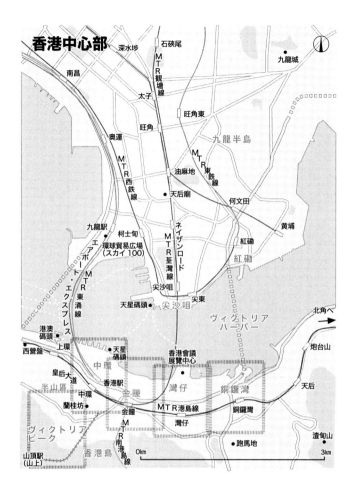

【MEMO】

Guide, Central
中環
城市案内

香港島の中心とも言える中環
ここはアジアの金融センターである
香港の核とも言え、高層ビルが立ちならぶ

維多利亞港
Victoria Harbour ヴィクトリア・ハーバー ［★★★］

香港島と九龍半島のあいだに位置するヴィクトリア・ハーバー。1841年、香港島に上陸してこの地を占領したイギリスが、ヴィクトリア女王をたたえてつけたことに由来する(19世紀、イギリスは世界中に植民地をもっていたことから、「日の沈まぬ国」と呼ばれていた)。水深、潮流、遮風などの点から天然の良港として知られ、海運、貿易で発展した香港の原動力となってきた。イギリスが香港島の開発をはじめたときの海岸線は皇后大道のあたりにあり、湾曲する道が当時の

CHINA
香港

様子を今に伝えている。その後、海を埋め立てることで土地のせまさを補ってきたため、この港はどんどん狭くなっている。またヴィクトリア・ハーバーを行き交うスター・フェリー、貨物船の様子は香港の代表する光景となっている。

中環 Central セントラル [★★★]
超高層ビル群が屹立する中環は、「アジアの金融センター」である香港の金融、貿易、商業を牽引する心臓部となっている。九龍半島対岸のふ頭にあたることから、中環は早くからこの街の戦略的な要衝に位置づけられ、総督官邸や立法會大

Central 中環城市案内

▲左　ヴィクトリア・ハーバーをはさんで尖沙咀が位置する。　▲右　めまぐるしく動く人々、雑踏の中環

樓が建設されるなどイギリスの支配拠点となってきた（そのため中環の英語読みは、センターではなくイギリス英語のセントラルとなっている）。香港上海銀行や中国銀行といった銀行や大企業がオフィスを構えているほか、現在では超高層ビル群の麓に広がるSOHOや蘭桂坊といった新たな街も注目を集めている。

【地図】セントラル中環

【地図】セントラル中環の [★★★]
- [ ] 維多利亞港 Victoria Harbour ヴィクトリア・ハーバー
- [ ] 中環 Central セントラル
- [ ] 山頂纜車 The Peak Tram ピーク・トラム

【地図】セントラル中環の [★★☆]
- [ ] 皇后像廣場 Statue Square スタチュー・スクエア
- [ ] 天星碼頭 Star Ferry Pier スターフェリー・ピア
- [ ] 國際金融中心二期 Two International Finance CentreIFC Ⅱ
- [ ] 半山區 Mid Levels ミッド・レベルズ
- [ ] 荷李活道 Hollywood Road ハリウッド・ロード
- [ ] 蘇豪區 SOHO ソーホー
- [ ] 蘭桂坊 Lan Kwai Fong ランカイフォン

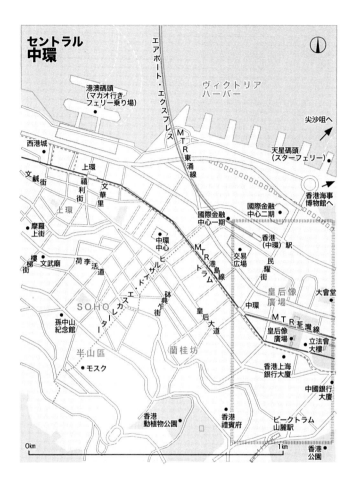

【地図】セントラル中環の [★☆☆]

- ☐ 皇后大道 Queen's Road クイーンズ・ロード
- ☐ 立法會大樓 Legislative Council Building 立法会ビル
- ☐ 香港上海滙豐銀行總行大廈
  HSBC Hong Kong & Shanghai Bank 香港上海銀行ビル
- ☐ 中國銀行大廈 Bank of China Tower 中国銀行ビル
- ☐ 機場快綫香港站 AirPort Expuress Hong Kong Station
  エアポート・エクスプレス香港駅
- ☐ 砵典乍街 Pottinger Street ポッティンジャー・ストリート
- ☐ 香港禮賓府 Government House 香港総督官邸
- ☐ 香港動植物公園 Hong Kong Zoological & Botanical Gardens
  香港動植物公園
- ☐ 香港公園 Hong Kong Park 香港パーク

【MEMO】

【地図】スタチュースクエア皇后像廣場

【地図】スタチュースクエア皇后像廣場の ［★★★］
- ☐ 中環 Central セントラル
- ☐ 山頂纜車 The Peak Tram ピーク・トラム

【地図】スタチュースクエア皇后像廣場の ［★★☆］
- ☐ 皇后像廣場 Statue Square スタチュー・スクエア
- ☐ 國際金融中心二期
  Two International Finance CentreIFC II

【地図】スタチュースクエア皇后像廣場の ［★☆☆］
- ☐ 皇后大道 Queen's Road クイーンズ・ロード
- ☐ 立法會大樓 Legislative Council Building 立法会ビル
- ☐ 香港上海滙豐銀行總行大廈
  HSBC Hong Kong & Shanghai Bank 香港上海銀行ビル
- ☐ 中國銀行大廈 Bank of China Tower 中国銀行ビル
- ☐ 大會堂 City Hall シティ・ホール
- ☐ 機場快綫香港站 AirPort Expuress Hong Kong Station
  エアポート・エクスプレス香港駅
- ☐ 聖約翰大教堂 St. John's Cathedral
  セント・ジョンズ教会
- ☐ 香港公園 Hong Kong Park 香港パーク

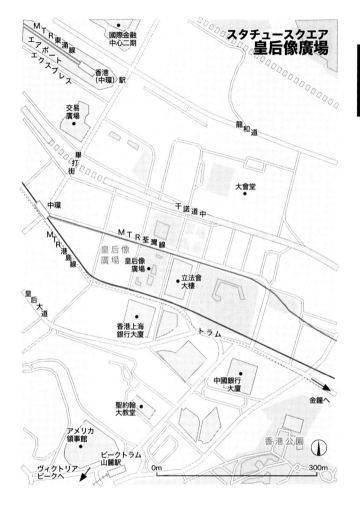

香港

皇后大道 Queen's Road クイーンズ・ロード［★☆☆］
皇后大道は、1842年、香港島を領有化したイギリスが街の建設に際して最初に敷いた通りで、当時はこのすぐ北側が海岸線だった。そのため通りは古い海岸線に沿うように湾曲して走り、灣仔、中環、上環といった街を結ぶ。黎明期の香港の様子を伝える数少ないもののひとつで、日本が香港を占領した戦間期には明治通りと名づけられていた。

▲左　皇后像廣場で見た美しく着飾った男女。　▲右　イギリス植民地統治の象徴でもある立法會大樓

皇后像廣場 Statue Square スタチュー・スクエア ［★★☆］

中銀大廈や立法會大樓などがならぶビジネス街の一角にある皇后像廣場。ヴィクトリア女王の即位60年にあたる1896年に建設され、その後、1965年のマーガレット王女の香港訪問を記念して今のように整備された。公園内にはこの街の発展に寄与した19世紀、香港上海銀行（HSBC）の頭取を務めたトーマス・ジャクソン像がある（かつてヴィクトリア女王の像がおかれていたが、現在はヴィクトリア公園に移されている）。また休日には、香港にメイドとして出稼ぎに来たフィリピン人やインドネシア人の姿も見える。

香港

立法會大樓
Legislative Council Building 立法会ビル [★☆☆]

皇后像廣場に面して立つ重厚感あるヴィクトリア様式の立法會大樓。花崗岩をもちいた建物の屋根にはドームが載っている。1912年に完成し、裁判所として使われてきた。「法による統治」はイギリスを象徴するものだと言われ、香港でも法治主義が適用されてきた（それに対して中国は人治主義の国だと言われる）。

Central 中環城市案内

香港上海滙豐銀行總行大廈
HSBC Hong Kong & Shanghai Bank 香港上海銀行ビル［★☆☆］

ガラスと鉄骨で組みあげられた宇宙船を思わせる外観をもつ香港上海銀行大廈（その姿から「蟹ビル」の名前で親しまれている）。もともとこの銀行は、アヘン戦争後、イギリスに割譲された香港で1865年に設立され、香港の発展を金融の面から支えてきた。日本銀行のような中央銀行をもたなかった香港にあって、香港ドル紙幣を発行し、中央銀行の役割も果たすといった性格もあった。また19世紀後半、列強は借款を通じて中国を半植民地化したが、イギリスはこの香港上

CHINA
香港

海銀行（匯豊銀行）を通じて清朝に借款を行なうなどしている。外側にむき出しの構造体をもち、各フロアは鉄柱からつり下げられている（そのためフロアには柱がない）。1階の広場からエスカレーターで龍脈を吸いあげるなど、香港の風水師の意見を聞きながら設計が進められたという話も残っている。設計者は20世紀を代表するイギリス人建築家ノーマン・フォスターで、1985年に完成した。

▲左　20世紀を代表する高層建築、香港上海銀行大廈。　▲右　タケノコのように伸びあがる中國銀行大廈

中國銀行大廈 Bank of China Tower 中国銀行ビル ［★☆☆］

香港島の北岸の超高層ビル群のなかでも一際目立つ、高さ300m、70階建ての中銀大廈。幾何学を組み合わせた美しいシルエット、非対称形の外観をもち、すくすく成長するタケノコがイメージされているのだという。中国銀行は国民党政権が統治する1912年に創立されたという歴史があり、1950年、中華人民共和国中央銀行として生まれ変わった。20世紀には資本主義下の香港にあって、共産主義中国の牙城と言える立場にあった（中国で文化大革命が起こったとき、中国銀行には「戦って勝たざるなき毛沢東思想万歳」という表示

CHINA
香港

が掲げられていた)。東西が混在する香港にふさわしい人物として、中国系アメリカ人建築家 IM·ペイによって設計され、1990年に完成した。

風水戦争

香港では風水が盛んで、新たに家や建物を建てるとき、風水師が活躍する。イギリス系の香港上海銀行と中国系の中国銀行とは上海や香港などで近くに店舗を構える関係で、イギリス人のノーマン・フォスターが香港上海銀行を設計すると、中国銀行は中国系アメリカ人 IM·ペイを招聘した。そして

▲左　風水が生かされた香港上海銀行大廈。　▲右　スターフェリーがヴィクトリア・ハーバーを往来する

中銀大廈が建つと、刃物のような三角形の鋭角をもつ姿が、香港上海銀行に向かっていると噂された（建物側面の×印の補強構造は厄よけのものだとも言われた）。これに対して香港上海銀行側では、邪悪を跳ね返す八角形の鏡を掲げるなど、両者のあいだでは風水合戦が繰り広げられた。

大會堂 City Hall シティ・ホール [★☆☆]

ヴィクトリア・ハーバー近くに立つ大會堂。1869 年、デント商会やジャーディン・マセソン商会の寄付で建設され、1962 年、展示ホールや図書館などを備えて新たに完成した。

現在ではコンサートや講演会などの各種イベントが行なわれている。

天星碼頭 Star Ferry Pier スターフェリー・ピア ［★★☆］

天星碼頭は、ヴィクトリア・ハーバーを行き交うスター・フェリーの乗り場。1888年に運航を開始したスター・フェリーの歴史は100年を超え、船が港を行き交う様子は、香港を代表する光景となっている。もともとは中環のオフィス街のなかにあった天星碼頭も埋め立てが進んで現在の場所に移された。

▲左　エアポート・エクスプレスの香港駅、中環に隣接する。　▲右　中環でも一際目立つ國際金融中心二期

國際金融中心二期
Two International Finance CentreIFC II　[★★☆]

世界でも有数の高層建築にあげられる高さ420m、88階建ての國際金融中心二期（通称 IFC II）。ヴィクトリア・ハーバー岸の埋め立て地に屹立していて、海からそり立つように見える。國際金融中心二期の最上階の高さは、ピーク・トラム山頂駅の標高にほぼ等しく、近くには地上39階建て、210mの高さの國際金融中心一期も立つ。

香港

機場快綫香港站 AirPort Expuress Hong Kong Station
エアポート・エクスプレス香港駅 [★☆☆]

ランタオ島の香港国際空港から九龍半島、香港島を結ぶエアポート・エクスプレスの香港駅。中環の中心部に位置し、近くには為替取引場が入る交易廣場や國際金融中心二期が立つ。

【MEMO】

Guide,
Mid Levels
半山區
城市案内

中環から南、ヴィクトリア・ピークの斜面へいたる
ミッド・レベルズと呼ばれるエリア
古い建物のほか、再開発されたスポットが見られる

半山區 Mid Levels ミッド・レベルズ ［★★☆］

ミッド・レベルズはヴィクトリア・ピーク中腹に位置する高級住宅地。亜熱帯性の香港の気候をさけるために、イギリス人が標高の高い土地を選んで住宅地にしたことで、この地区の開発がはじまり、長さ800mのヒルサイド・エスカレーターが山上に向かって伸びる。このエスカレーターの高低差は135mあり、ミッド・レベルズの住人が中環との往来に利用している（疫病をさけることなどを目的に、イギリスはデリー近くのシムラや軽井沢など各地で彼らに適した避暑地を開発している）。

【地図】ミッド・レベルズ半山區

【地図】ミッド・レベルズ半山區の [★★☆]
- ☐ 半山區 Mid Levels ミッド・レベルズ
- ☐ 荷李活道 Hollywood Road ハリウッド・ロード
- ☐ 蘇豪區 SOHO ソーホー
- ☐ 蘭桂坊 Lan Kwai Fong ランカイフォン

【地図】ミッド・レベルズ半山區の [★☆☆]
- ☐ 砵典乍街 Pottinger Street ポッティンジャー・ストリート
- ☐ 前中區警署 Central Police Station 旧中環地区警察署
- ☐ 威靈頓街 Wellington Street ウエィリントン・ストリート
- ☐ 雲咸街 Wyndham Street ウィンダム・ストリート
- ☐ 藝穗會 Fringe Club フリンジ・クラブ
- ☐ 香港禮賓府 Government House 香港総督官邸
- ☐ 香港動植物公園 Hong Kong Zoological & Botanical Gardens 香港動植物公園

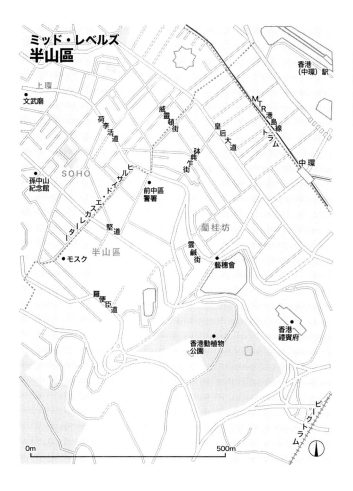

香港

砵典乍街
Pottinger Street ポッティンジャー・ストリート [★☆☆]
海辺の皇后大道から山側のハリウッド・ロードへ続く砵典乍街。長さ100m程度の細い石畳の道には、靴や洋服の修理店などが店を構えている。通りの名前は、初代香港総督ポッティンジャーからとられている。

荷李活道 Hollywood Road ハリウッド・ロード [★★☆]
中環から上環へと東西に続く荷李活道。骨董品や雑貨などを扱う店がならぶほか、イギリス領時代のコロニアル様式を伝

▲左　ヴィクトリア・ピーク中腹へと伸びる階段。　▲右　高層ビル上部と同じ水準になる視界

える中區警署（旧中環地区警察署）や「文の神」文昌帝と「武の神」関羽をまつる文武廟も残る。

蘇豪區 SOHO ソーホー［★★☆］

SOHO は中環のなかでも注目を集めているエリアで、イタリアやイギリスなどの西欧料理、和食や各種アジア料理店がならぶ。ミッド・レベルズへ続くエスカレーターの開通で発展をはじめ、ハリウッド・ロードの南側に位置することから SOHO（South of Hollywood Road）の略で呼ばれるようになった。また SOHO の北側には NOHO（North of

CHINA
香港

▲左　通りの看板と天をつく高層建築が印象的。　▲右　おしゃれなバーやスポットも数多い

Hollywood Roadの略称）が位置し、ギャラリーやインテリア店で最先端のアートやデザインを感じられる。

前中區警署 Central Police Station 旧中環地区警察署[★☆☆]

ハリウッド・ロード沿いに位置する前中區警署は、1841年に建てられたコロニアル様式の建物。当時の香港には一攫千金を狙う荒くれ者も多く、強盗や殺人が絶えなかったという。前中區警署はこのような香港の治安維持にあたり、イギリス人のほかにインド人やネパール人がその任に着くことが多かった。

【MEMO】

CHINA
香港

威靈頓街
Wellington Street ウエィリントン・ストリート [★☆☆]
皇后大道に並行して走る威靈頓街。小さな商店や地元の人が訪れる広東料理店などが軒を連ね、表通りとは異なる姿を見せている。

蘭桂坊 Lan Kwai Fong ランカイフォン [★★☆]
蘭桂坊は、クラブやバー、各国料理店などがずらりとならぶ繁華街。中環の摩天楼のもと、西欧の料理やお酒を出す店が多く見られる。

▲左　海岸から山のほうへ向かって街は発展してきた。　▲右　愛らしいたたずまいをした藝穗會

雲咸街 Wyndham Street ウィンダム・ストリート［★☆☆］

蘭桂坊の南側をうねるように走る雲咸街。イギリスの統治がはじまったころ、このあたりではアヘンの売買、賭博などが行なわれ、あまり治安のよい場所ではなかったという。現在は、カフェやバーなどが店を構える。

CHINA
香港

藝穗會 Fringe Club フリンジ・クラブ ［★☆☆］

中環の片隅に立つレンガ造りの円筒形の小さな建物、藝穗會。イギリス領時代の1913年に建てられ、氷を入れて冷やす冷蔵庫の役割をしていた（そのため近くにはアイスハウス・ストリートこと雪廠街が走る）。20世紀の終わり、この特異な建物が注目され、「Arts + people=fringe club」という看板が掲げられる現代アートのギャラリーへと生まれ変わった。絵画や彫刻などの現代美術の展示会、ジャズやロックなどバンドの演奏も開催される。

Central 半山區城市案内

香港外國記者會
Foreign Correspondents Club 外国人記者クラブ [★☆☆]
イギリス領時代にアメリカ、日本など各国の記者が集まって情報が交わされた香港外國記者會（藝穂會に隣接）。言論の自由、報道の自由が認められてきた香港では、多くの新聞が発行され、香港人の言論に対する意識も高いとされる。

香港禮賓府 Government House 香港総督官邸 ［★☆☆］

香港禮賓府は、香港統治のためにイギリス本国から派遣された香港総督のための官邸。1855年、中環を見おろす高台に建てられた建物は、ヴェランダ・コロニアルスタイルという様式で（インドなどでも使用された）、香港の気候に適したものとなっている。ここで歴代の香港総督が暮らしたほか、イギリス本国から皇族が来訪したときに舞踏会や夕食会などが行なわれることもあった。この建物は第二次大戦中に日本が香港を占領したとき改築されたため、今もそのときの名残である日本風の屋根が見られる。

▲左　遅くまでにぎわいの絶えない蘭桂坊。　▲右　豊かな自然に触れられるのも香港の魅力

前法國外方傳道會大樓 Former French Mission Building
旧フランス・ミッション・ビルディング ［★☆☆］

赤と白の気品あるファザードをもち、イギリス植民地時代の面影を残す前法國外方傳道會大樓。古くは香港総督の官邸として使用されていたが、その後、香港上海銀行の職員食堂、ロシア領事館と変遷を重ね、1917年にフランスの伝導会のものとなった経緯がある。

香港動植物公園 Hong Kong Zoological & Botanical Gardens
香港動植物公園 [★☆☆]

ヴィクトリア・ピークの斜面に沿うように展開する香港動植物公園。近くに香港総督の官邸がおかれていたこともあり、この園の歴史はイギリス領時代の19世紀にまでさかのぼる。もともとは野生動物の飼育が行なわれていたが、1862年に動物園として市民に開放され、その後、植物園がくわえられ、1975年に現在のかたちになった。ナマケモノやオラウータンなどのほ乳類、ツルやカモなどの鳥類、ニシキヘビや亀などのは虫類の姿が見られる。

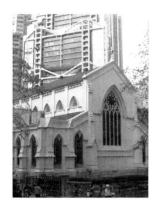

▲左 1847年からの伝統をもつ聖約翰大教堂。 ▲右 数あるキリスト教会はイギリス植民地時代の名残り

聖約翰大教堂
St. John's Cathedral セント・ジョンズ教会 [★☆☆]

中環の超高層ビル群のなかで、イギリス領時代の面影をひっそりと伝える聖約翰大教堂。1847年に建てられはじめ、1949年に完成した歴史をもち、イギリス人の礼拝所となってきた。香港の教会のなかでもっとも歴史があるほか、植民地最初期の建築のひとつとなっている。

香港佑寧堂
Union Church Hong Kong 香港ユニオン教会 [★☆☆]

1843年から続くプロテスタント系の香港佑寧堂。古い時代の教会を思わせる建物で、イギリス国教会のオフィスにもなっている。日曜日には礼拝が行なわれる。

【MEMO】

Guide, Victoria Peak
太平山 鑑賞案内

100万ドルの夜景とたたえられる
美しい光景が見えるヴィクトリア・ピーク
ピーク・トラムが山上に向かって走る

太平山 Victoria Peak ヴィクトリア・ピーク ［★★★］

香港島の中央にそびえる標高522mのヴィクトリア・ピーク。中環からピーク・トラムが頂上に向かって続き、展望台からは、超高層ビル群、入り組んだヴィクトリア・ハーバー、対岸の九龍半島など、香港を代表する光景が見える。また夜には、まばゆい摩天楼が姿を現し、ここからの眺めは「100万ドルの夜景」と言われる。

【地図】太平山ヴィクトリアピーク

【地図】太平山ヴィクトリアピークの［★★★］
- [ ] 太平山 Victoria Peak ヴィクトリア・ピーク
- [ ] 山頂纜車 The Peak Tram ピーク・トラム
- [ ] 中環 Central セントラル

【地図】太平山ヴィクトリアピークの［★★☆］
- [ ] 凌霄閣 The Peak Tower ピーク・タワー
- [ ] 皇后像廣場 Statue Square スタチュー・スクエア
- [ ] 國際金融中心二期 Two International Finance CentreIFC II
- [ ] 半山區 Mid Levels ミッド・レベルズ
- [ ] 荷李活道 Hollywood Road ハリウッド・ロード
- [ ] 蘇豪區 SOHO ソーホー
- [ ] 蘭桂坊 Lan Kwai Fong ランカイフォン

【地図】太平山ヴィクトリアピークの［★☆☆］
- [ ] 盧吉道 Lugard Road ルガード通り
- [ ] 皇后大道 Queen's Road クイーンズ・ロード
- [ ] 機場快綫香港站 AirPort Expuress Hong Kong Station エアポート・エクスプレス香港駅
- [ ] 砵典乍街 Pottinger Street ポッティンジャー・ストリート
- [ ] 威靈頓街 Wellington Street ウエィリントン・ストリート
- [ ] 雲咸街 Wyndham Street ウィンダム・ストリート
- [ ] 藝穗會 Fringe Club フリンジ・クラブ
- [ ] 香港動植物公園 Hong Kong Zoological & Botanical Gardens 香港動植物公園

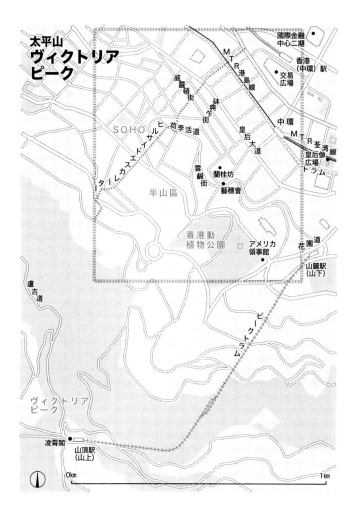

香港

山頂纜車 The Peak Tram ピーク・トラム［★★★］

中環からヴィクトリア・ピークを目指して急勾配で登っていくピーク・トラム。このケーブルカーは1888年に開通し、長さ1.4km、300mの高低差をのぼり降りする。

凌霄閣 The Peak Tower ピーク・タワー［★★☆］

ピーク・トラムの山頂駅に立つ凌霄閣。基部の建物に、逆半円状の奇抜な上部が載る外観をもち、屋上の展望台がもっとも広くなるように設計されている。蝋人形館やレストランなどが入る複合施設となっている。

▲左 特徴的な外観をもつピーク・タワー。 ▲右 ピーク・トラム、中環と山頂を結ぶ

香港杜莎夫人蠟像館
Madame Tussauds マダムタッソー蝋人形館 [★☆☆]

香港杜莎夫人蠟像館は、凌霄閣内にある蝋人形館。香港の映画俳優のほか、世界中の政治家やスポーツ選手の蝋人形が見られる。

香港

盧吉道 Lugard Road ルガード通り ［★☆☆］

盧吉道はヴィクトリア・ピーク山頂部を周遊できる遊歩道。標高は400m程度で、この通りからは香港の超高層ビルのほか、ヴィクトリア・ピーク西に広がる薄扶林郊野公園の豊かな自然も感じられる。通りの名前は、第14代香港総督ルガードからとられた。

【MEMO】

Guide, Admiralty
金鐘
城市案内

CHINA
香港

オフィス街が続く金鐘
近くには中國銀行大廈、力寶中心など
奇抜な高層建築がそびえる

金鐘 Admiralty アドミラルティ ［★★☆］

中環と灣仔のあいだに位置する金鐘。MTR は金鐘駅から九龍半島方面と灣仔方面へとわかれる。中国銀行はじめ太古廣場、力寶中心など、金融機関、官公庁がならぶ地域で、香港公園などの憩いの場所も位置する。

力寶中心 Lippo Centre リッポー・センター ［★☆☆］

中国銀行の近くに立ち、個性的な外観が目をひく力寶中心。高さ 172m、44 階建てのタワー 1 と高さ 186m、48 階建てのタワー 2 からなるツインタワーとなっている。

▲左 イギリス兵のたたずまい、香港公園にて。　▲右 とにかく目立つカ寶中心

香港公園 Hong Kong Park 香港パーク ［★☆☆］

亜熱帯の植物が生い茂る丘陵を利用してつくられた香港公園。ここは古く、イギリス軍の軍営地がおかれていたところで、1979年、公園として整備された。敷地内では高さ10mの人工の滝が落ちるロックガーデン、飼鳥園、屋内競技場、茶器美術館などが見られる。

【地図】アドミラルティ金鐘

【地図】アドミラルティ金鐘の［★★★］
- ☐ 山頂纜車 The Peak Tram ピーク・トラム
- ☐ 灣仔 Wanchai ワンチャイ
- ☐ 中環 Central セントラル
- ☐ 維多利亞港 Victoria Harbour ヴィクトリア・ハーバー

【地図】アドミラルティ金鐘の［★★☆］
- ☐ 金鐘 Admiralty アドミラルティ
- ☐ 皇后像廣場 Statue Square スタチュー・スクエア
- ☐ 天星碼頭 Star Ferry Pier スターフェリー・ピア
- ☐ 國際金融中心二期 Two International Finance CentreIFC II

【地図】アドミラルティ金鐘の［★☆☆］
- ☐ 力寶中心 Lippo Centre リッポー・センター
- ☐ 香港公園 Hong Kong Park 香港パーク
- ☐ 茶具文物館 Museum of Tea Ware ティーウェア・ミュージアム
- ☐ 香港會議展覽中心 Hong Kong Convention & Exhibition Centre 香港コンベンション＆エキシビジョンセンター（HKCEC）
- ☐ 香港上海滙豐銀行總行大廈 HSBC Hong Kong & Shanghai Bank 香港上海銀行ビル
- ☐ 中國銀行大廈 Bank of China Tower 中国銀行ビル
- ☐ 機場快綫香港站 AirPort Expuress Hong Kong Station エアポート・エクスプレス香港駅

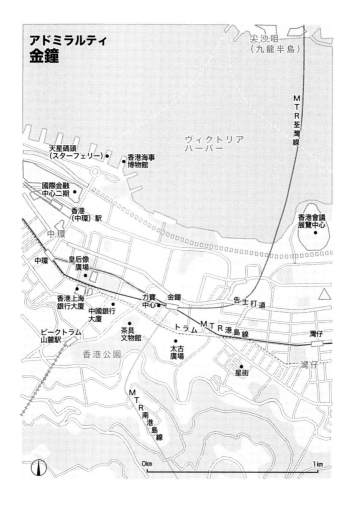

CHINA
香港

▲左　香港公園に位置する茶具文物館。　▲右　香港は広州や潮州で育まれた茶の伝統を受け継ぐ

茶具文物館 Museum of Tea Ware
ティーウェア・ミュージアム　[★☆☆]

茶碗や茶器など茶に関するさまざまな展示が見られる茶具文物館。この建物は、1846年に駐香港英軍司令官邸として建てられたもので、現存する香港最古の西洋建築と言われる。貴重な茶器の収集、保存を行なっているほか、中国とイギリス双方の茶器が展示されている（中国の特産品である茶の輸入をめぐってアヘン戦争が勃発し、香港はイギリスに割譲された）。

【MEMO】

Guide, Wanchai
灣仔城市案內

香港返還式典が行なわれた香港會議展覽中心はじめ
巨大建築がならぶ灣仔
街の南側では人々の生活が息づく商店街も見られる

灣仔 Wanchai ワンチャイ ［★★★］

九龍半島尖沙咀のちょうど対岸にあたり、香港會議展覽中心をはじめとする大型施設が立つ灣仔。19世紀の香港黎明期から港町として知られ、歓楽街が形成されてきた。2階建てのバスやトロリーがこの街を東西に走る様子は、香港を代表する光景だと言える。また巨大文化施設や高層建築がならぶなか、一歩路地のなかに足を踏み入れれば、イギリス統治時代の建築が残り、屋台や食品市場など活気ある庶民の生活が垣間見られる。

CHINA
香港

▲左　オールド香港の面影も残す灣仔。　▲右　高層建築の足もとをトラムが走る

古い時代の灣仔

1842年の南京条約でイギリスに割譲された香港では、中環を中心に街の整備が進み、隣接する灣仔もそれに応じて発展することになった。ヴィクトリア・ハーバーに面したこの街では、世界中の海の男たちが集まり、コスモポリタンの様相を呈していたという。また20世紀初頭の香港では500人近い日本人が灣仔界隈に暮らしていたと言われ、そのほとんどが「からゆきさん（唐行き）」と呼ばれる女性だった（からゆきさんは、九州の農村地帯など貧しい地域の出身が多く、一家の生計を助けるためにおもに娼婦などとして渡航してきた）。

【MEMO】

【地図】ワンチャイ灣仔

【地図】ワンチャイ灣仔の［★★★］
- ☐ 灣仔 Wanchai ワンチャイ
- ☐ 維多利亞港 Victoria Harbour ヴィクトリア・ハーバー
- ☐ 銅鑼灣 Causeway Bay コーズウェイベイ

【地図】ワンチャイ灣仔の［★★☆］
- ☐ 灣仔歷史文物徑 Wanchai Heritage Trail ワンチャイ・ヘリテイジ・トレイル
- ☐ 灣仔道 Wanchai Street ワンチャイ・ストリート

【地図】ワンチャイ灣仔の［★☆☆］
- ☐ 香港會議展覽中心 Hong Kong Convention & Exhibition Centre 香港コンベンション＆エキシビジョンセンター（HKCEC）
- ☐ 中環廣場 Central Plaza セントラル・プラザ
- ☐ 香港藝術中心 Hong Kong Arts Centre 香港芸術センター
- ☐ 軒尼詩道 Hennessy Road ヘネシー通り
- ☐ 藍屋 Blue House ブルーハウス
- ☐ 星街 Star Street スター・ストリート
- ☐ 皇后大道 Queen's Road クイーンズ・ロード
- ☐ 時代廣場 Times Square タイムズ・スクエア
- ☐ 香港墳場 Hong Kong Cemetery ハッピー・バレー墓地
- ☐ 姻緣石 Lover's Rock ラバーズ・ロック

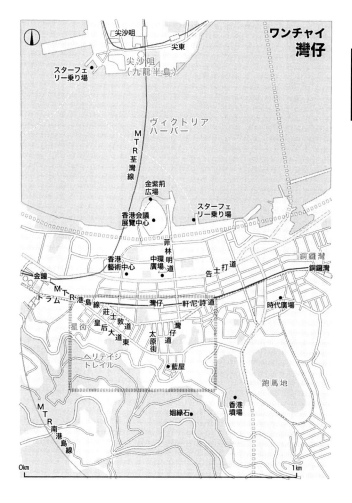

香港會議展覽中心
Hong Kong Convention & Exhibition Centre
香港コンベンション&エキシビジョンセンター(HKCEC) [★☆☆]

ヴィクトリア・ハーバーに突き出した埋め立て地に立つ香港會議展覽中心。22万㎡の総面積をもち、各種の催しものが行なわれる。また、ここは1997年7月1日、イギリスから中国への香港返還セレモニーが開催された場所でもある。返還の日に向けて、香港會議展覽中心の建設は急いで進められたが、完成したのはセレモニーのリハーサル直前のことだった（97年を「9 + 7 = 16」、7月1日を「7 + 1=8」として

▲左 香港では繁体字が使われている。　▲右 1997年、ここでイギリスから中国への返還式が行なわれた

168という数字を出し、「一路発（ヤッロッバー）」と読み、「これから発展するという意味をもつ」と風水的に読み解かれることがあった）。香港会議展覧中心の北側の広場には、香港返還を祝って中国政府から送られたバウヒニアの花をかたどった金色の像がおかれている。

香港返還まで

1842年の南京条約以降、イギリスに「割譲」された香港島や九龍市街部に対して、新界（香港郊外）は1898年、99年間の期間限定で「租借」された。20世紀以降の香港の発展

CHINA
香港

ぶりを受けて、当初、イギリスは香港島、九龍半島の領有権(南京条約、北京条約の有効性)を主張していた。一方、ときの中国最高指導者である鄧小平は「一方的な不平等条約は認められず、武力行使してでも香港を奪い返す」という強い姿勢でイギリス首相サッチャーに応じた。こうして、香港は新界を含めて1997年7月1日、中国に返還されることになったが、鄧小平は香港返還を見ることなく、同年の2月19日に亡くなっている。

中環廣場 Central Plaza セントラル・プラザ［★☆☆］

香港会議展覽中心の向かいに立つ中環廣場。高さ374m、78階建てで、九龍半島側から一際映える三角形の外観をもつ。1992年に完成した。

香港藝術中心
Hong Kong Arts Centre 香港芸術センター［★☆☆］

香港の現代美術やアートを発信する目的で1977年に設立された香港藝術中心。映画、写真、デザインなど幅広いジャンルをあつかう。

香港

軒尼詩道 Hennessy Rood ヘネシー通り [★☆☆]

香港島北岸の東西を結び、買いものや食事を楽しむ人でにぎわう軒尼詩道。ヘネシーという名前は、19世紀にイギリス本国から派遣された香港総督からとられている(中国人の政治参画をはかったことで知られる)。

【MEMO】

【地図】ヘリテイジトレイル灣仔歴史文物徑

【地図】ヘリテイジトレイル灣仔歴史文物徑の ［★★☆］
- ☐ 灣仔歴史文物徑 Wanchai Heritage Trail
  ワンチャイ・ヘリテイジ・トレイル
- ☐ 灣仔道 Wanchai Street ワンチャイ・ストリート

【地図】ヘリテイジトレイル灣仔歴史文物徑の ［★☆☆］
- ☐ 藍屋 Blue House ブルーハウス
- ☐ 星街 Star Street スター・ストリート
- ☐ 皇后大道 Queen's Road クイーンズ・ロード

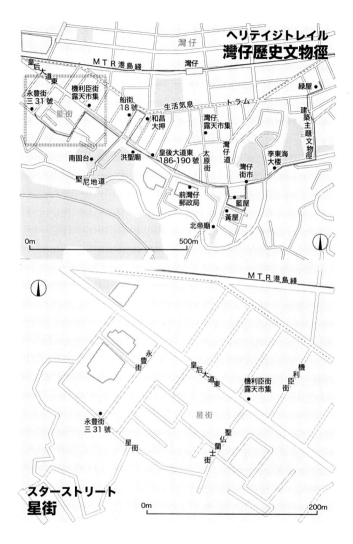

CHINA
香港

灣仔歷史文物徑 Wanchai Heritage Trail
ワンチャイ・ヘリテイジ・トレイル［★★☆］

イギリス統治時代の20世紀に建てられたオールド香港の建物や人々の息づかいが残る灣仔。灣仔歷史文物徑（ヘリテイジ・トレイル）では、緑屋から灣仔街市、藍屋をへて洪聖廟、星街へ続く建築主題文物徑と、北帝廟から灣仔露天市集をへて機利臣街露天市集へ続く生活気息文物徑のふたつの文物徑が用意されている。

▲左　青色の外観が印象的な藍屋、香港を代表する古建築。　▲右　灣仔の商店街、人々の生活が息づく

灣仔道 Wanchai Street ワンチャイ・ストリート ［★★☆］

雑貨店、食料品店などが軒を連ねる灣仔道。近くには野菜や肉、雑貨などを売る店が多い交加街、雑貨やおもちゃ店でにぎわう太原街、古い中国の建物唐桜が残る春園街などが走る。この通りを南に進み、皇后大道につきあたったところに灣仔市場がある。

藍屋 Blue House ブルーハウス ［★☆☆］

4階建ての建築が青い外観をもつ藍屋。香港特有の文化の紹介をする展示が見られる。1922年ごろに建てられた初期唐

香港

桜建築（伝統的な中国の建物）となっていて、建物の塗装を行なうとき、たまたま政府の倉庫に大量の青色ペンキがあり、無料で使えたことから外壁が青色になったという。

星街 Star Street スター・ストリート [★☆☆]
ショップやギャラリーなどが集まる星街。このあたりには電気街があり、そこから派生して星街や近くの日街、月街といった通りが生まれた（日月星から名づけられた）。

Guide,
Causeway Bay
銅鑼灣
城市案内

初期の香港で絶大な権力を誇ったジャーディン・マセソン商会
銅鑼灣はその本拠があったところで
その時代から続く空砲が今でも正午に放たれる

銅鑼灣 Causeway Bay コーズウェイベイ ［★★★］

灣仔の東に位置し、ショッピングモールや映画館などがたちならぶ香港随一の繁華街、銅鑼灣。銅鑼灣という名前は、入江のかたちが銅鑼に似ていることから名づけられ、19世紀、イギリスはここにヴィクトリア・バラックと呼ばれる軍営地を構えていた。また銅鑼灣はジャーディン・マセソン商会（アヘン商人から出発した）が拠点としたところでもあり、現在もその系列ホテルのザ・エクセルシオール香港前では、毎日、正午になるとヴィクトリア・ハーバーに向けて空砲が放たれる。

【地図】コーズウェイベイ銅鑼灣

【地図】コーズウェイベイ銅鑼灣の ［★★★］
- ☐ 銅鑼灣 Causeway Bay コーズウェイベイ
- ☐ 維多利亞港 Victoria Harbour ヴィクトリア・ハーバー

【地図】コーズウェイベイ銅鑼灣の ［★★☆］
- ☐ 午炮 Noon Day Gun ヌーン・ディ・ガン

【地図】コーズウェイベイ銅鑼灣の ［★☆☆］
- ☐ 崇光 SOGO そごう
- ☐ 渣甸坊 Jardine's Crescent ジャーディンズ・クレッセント
- ☐ 時代廣場 Times Square タイムズ・スクエア
- ☐ 維多利亞公園 Victoria Park ヴィクトリア公園
- ☐ 跑馬地 Happy Valley ハッピー・バレー

▲左 銅鑼灣は香港有数のショッピング・スポット。 ▲右 高級ブランドショップも多く入居する

崇光 SOGO そごう ［★☆☆］

MTR銅鑼灣駅のうえに立つ崇光は、ショッピング街として知られるこの街のランドマーク的存在になっている。かつて日本のそごうが進出したことで営業がはじまり、現在では現地法人が運営している。

渣甸坊 Jardine's Crescent
ジャーディンズ・クレッセント ［★☆☆］

銅鑼灣駅を出てすぐを南東に走る通り、渣甸坊。女性用衣服やアクセサリーを扱う露店が細い路地にならぶことから小女

【MEMO】

香港

人街とも言われる。ジャーディン・マセソン商会のウィリアム・ジャーディンから通り名はとられている。

時代廣場 Times Square タイムズ・スクエア［★☆☆］
銅鑼灣にある地上13階建てのショッピングモール、時代廣場。なかに入ると、吹き抜けの空間が広がり、そのまわりにブランド店などのショップが入っている。上層階部にはレストランが多いほか、書店や雑貨店などの店も見える。

▲左　毎日正午、大砲（空砲）が放たれる。　▲右　中環から灣仔、銅鑼灣への足になるトロリー

午炮 Noon Day Gun ヌーン・ディ・ガン［★★☆］

1850年から続くヌーン・ディ・ガン。ここでは毎日、正午になると鐘を鳴らし、大砲（空砲）が放たれる。ジャーディン・マセソン商会は、自社の貿易船がヴィクトリア・ハーバーに入ると祝砲を撃って迎えていた。しかし貿易会社が祝砲を撃つことに香港総督が怒り、罰として毎日、空砲を撃つことを命じたことにはじまるという。この大砲は、実際に第一次世界大戦で使用されていたもので、現在では香港の正午を示す時報の役割を果たしている。

ジャーディン・マセソン商会の香港

清代、広州へとやってきたスコットランド人ウィリアム・ジャーディンとジェームズ・マセソンは、アヘン取引を目的に会社を設立し、莫大な利益をあげていた（イギリス東インド会社の中国貿易独占権はなくなっていた）。清朝がアヘンのとり締まりを厳しく行なうようになると、ジャーディン・マセソン商会はじめ現地の商人はイギリス本国に海軍派遣を要請する意見を出し、1840年、それを受けてアヘン戦争がはじまった。1842年、香港島はイギリスに割譲され、ジャーディン・マセソン商会は銅鑼灣あたりの土地を買い占め、香

▲左　ザ・エクセルシオールの前方でヌーン・ディ・ガンは行なわれる。　▲右　かつての宗主ヴィクトリア女王の像

港経済を牛耳ることになった。やがて同社は、1864年に設立した香港上海銀行の協力を得て、船舶業、鉄道業、保険業、製糖業、紡績業など幅広くビジネスを行なって成功し、世界的な企業へと成長していった。

維多利亞公園 Victoria Park ヴィクトリア公園 [★☆☆]

維多利亞公園は、1957年に銅鑼灣東部の海を埋め立ててつくられた緑地。サッカー場やテニスコートなどが整備された広大な敷地をもち、公園内にはヴィクトリア女王の像が見られる（皇后像廣場におかれていたものがこちらに移された）。

城市論壇（弁論会）、旧暦の年末の花市などさまざまなイベントも行なわれている。1989年の天安門事件の際には、抗議デモがこの公園を中心として起こり、香港民主化運動の舞台ともなってきた。

大坑 Tai Hang ダイハン　[★☆☆]
銅鑼灣に隣接する大坑は、香港の古い村があったところで、19世紀に建立された観音をまつる蓮花宮などが残っている。この大坑では、19世紀から続く火龍舞という秋祭りが行なわれ、火だるまになった龍が街をめぐるという内容になっている。

▲左　ハッピー・バレーへ続く道、墓地が見える。　▲右　ミッド・レベルズに位置するイスラム教寺院

跑馬地 Happy Valley ハッピー・バレー ［★☆☆］

銅鑼灣と灣仔からヴィクトリア・ピークに向かって少し登ったところに位置する跑馬地。緑地が広がり、ゆったりとした時間の流れる高級住宅地となっている。1842年、イギリス軍がこのあたりの平地に軍営地を敷いたことにはじまり、香港名物の競馬場があるところとしても知られる（イギリスが植民を開始してすぐに競馬が行なわれるようになった）。ここは生活環境に適さない亜熱帯の湿地帯であったため、多くの兵士がマラリアに感染して死亡した。そのため、名前を変えて縁起をかつぐ意味で、ハッピー・バレーという英語名が

つけられたのだという。

香港墳場
Hong Kong Cemetery ハッピー・バレー墓地 ［★☆☆］
跑馬地競馬場の西に位置する香港墳場。ここには香港で亡くなった外国人が埋葬されており、ヒンドゥー教徒、ゾロアスター教徒、キリスト教徒、イスラム教徒、ユダヤ教徒など多様な人々の墓がある。宗教ごとにエリアがわかれており、墓地の一隅には明治以降、海を渡ってこの地で亡くなった日本人の墓も見られる。

渣甸山
Jardine's Lookout ジャーディンズ・ルックアウト [★☆☆]

香港島の中心部にそびえる標高 433m の渣甸山。ジャーディン・マセソン商会がここからヴィクトリア・ハーバーに入港する貿易船を見張っていたために、この名前がつけられた。

姻縁石 Lover's Rock ラバーズ・ロック [★☆☆]

灣仔から南の丘陵部におかれた姻縁石。簡単なハイキング・コースの寶雲道途上にあり、風水の本場香港にあって、縁結びのパワー・スポットとして人気が高い。

Guide, North Point
北角
城市案内

人々が生活を営むなか
トラムが汽笛を鳴らすという光景が見られる北角
1941年の戦争で、日本軍が上陸した場所でもある

北角 North Point ノース・ポイント ［★★☆］

露店の出る細い通りをぬうように走るトラム（路面電車）の光景が見られる北角。住宅地や商店などがならび、香港人の日常風景が広がっている。北角という名前は19世紀、イギリスの測量船が香港島を周遊したとき、北に突き出したこの岬をノース・ポイントと名づけたことに由来する。20世紀初頭、発電所が建設され、1949年の中華人民共和国発足後は、上海人や福建人が多くこのあたりに移住し、街は発展するようになった。

【地図】ノース・ポイント北角の ［★★☆］
- [ ] 北角 North Point ノース・ポイント

【地図】ノース・ポイント北角の ［★☆☆］
- [ ] 春秧街 Chun Yeung Street チョンヨン・ストリート
- [ ] 馬寶道 Marble Road マーブル・ロード

ノース・ポイント
北角

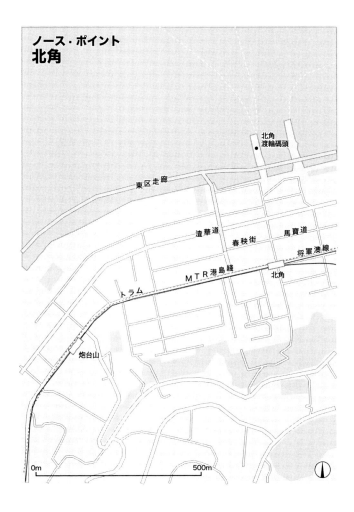

▲左　対岸の鯉魚門から北角方面をのぞむ。　▲右　人々のあいだをぬうように走るトラム（路面電車）

春秧街 Chun Yeung Street チョンヨン・ストリート[★☆☆]

肉屋、魚屋、八百屋などの食料品店、衣料品店が幅20mほどの通りの両側にならぶ春秧街。そのなかをトラムが走りぬける様子は、香港の下町を彩る光景だと言える。中環、灣仔、銅鑼灣といった街を走りながら、トラムは北角へ到着する。

馬寶道 Marble Road マーブル・ロード [★☆☆]

北角駅の北側を走る馬寶道。ここは地元の香港人に利用される衣料品店が軒を連ねる市場。とくに休日になると、買い物客でこみあう。

【MEMO】

Central 北角城市案内

香港

筲箕灣 Shau Kei Wan サウゲイワン ［★☆☆］

香港島北東部、鯉魚門の対岸に位置する筲箕灣（この湾の入江のかたちが、竹ザルに似ているところから筲箕という名前がつけられた）。19世紀、はじめてイギリスが香港を訪れたとき、漁村がわずかにある香港島にあって、ここには1200人の村民が住んでおり、香港で2位の人口だったという。現在は高層マンションが立ちならぶ。

▲左 古く、香港には半農半漁の生活を営む人々が暮らしていた。 ▲右 2階建てのバスが香港島各地へ通じる

香港海防博物館 Museum of Coastal Defence
香港コースタル・ディフェンス・ミュージアム ［★☆☆］

ヴィクトリア・ハーバーが狭くなる鯉魚門と筲箕灣のあいだは海防上の要衝であり、古くからイギリスの要塞が築かれていた。香港海防博物館には、海に向けられた大砲が設置され、香港の海防に関する展示が見られる。

柴灣 Chai Wan チャイワン [★☆☆]

香港島東部、筲箕湾の南東に位置する柴灣。もともと大型工場が多い土地だったが、現在ではニュータウンとして発展するようになった。

イギリス
植民都市
の発展

CHINA
香港

1842年以来、香港は150年に渡って
イギリスの植民都市として発展してきた
香港島北岸は、その中心となっていた

アヘン戦争

1840年に起こったアヘン戦争が契機となって、イギリスに割譲された香港島。中国の特産品である茶が17世紀以降、嗜好品として定着すると、イギリスの貿易赤字はふくらんでいた。それを解消すべく、イギリスは19世紀初頭から植民地インドのアヘンを中国へ輸出するようになった。中国ではアヘン中毒者が急増し、一般庶民から官憲にまで広がる状況を受けて、林則徐がアヘンをとり締まる欽差大臣（臨時の特命全権大臣）として広州に派遣されることになった（当時、清朝と外国との貿易は広州一港に制限されていた）。林則徐

▲左　ヴィクトリア様式の建築、立法會大樓。　▲右　19世紀の香港上海銀行の頭取トーマス・ジャクソン像

はアヘンのとり締まりに成果をあげたが、ジャーディン・マセソン商会などのアヘン商人はイギリス本国に艦隊を派遣するよう意見書を提出し、1840年、イギリスは中国への艦隊の派遣を決定し、アヘン戦争がはじまった。結果、武力に勝るイギリスに清朝は敗れ、五港（広州、厦門、福州、寧波、上海）の開港とともに、香港島が割譲された。

CHINA
香港

イギリス資本の活躍

アヘンの密売をしていたジャーディン・マセソン商会が、中国に艦隊を派遣するよう本国に要求し、それがもとでアヘン戦争が起こるなど、近代、イギリスの東アジア進出は、官民一体となった経済戦略のもと行なわれていた。イギリスは獲得した香港を東アジアの軍事拠点と位置づけると、ジャーディン・マセソン商会や香港上海銀行などイギリス資本が次々に拠点を構えるようになった。またイギリス領時代の香港では経済が最優先され、政府の介入がほとんど見られなかったことから、「香港には、政治が存在しない」と言われ

▲左　昼食時、屋台は大にぎわいになる。　▲右　広大な敷地をもつ維多利亞公園

Central　イギリス植民都市の発展

るほどだった。事実、世界最低水準の関税や所得税による自由な経済が香港発展の原動力となってきた。

香港人の競馬好き

イギリス紳士の優雅なたしなみとして香港に浸透した競馬。跑馬地では1846年から競馬が行なわれており、その伝統は150年以上になる（香港割譲は1842年。イギリス紳士が馬主となって自らの馬を競わせていた）。イギリス人のための娯楽として輸入された競馬は、そのギャンブル性や馬を競争させるというおもしろさから香港人にも受け入れられた。香

CHINA
香港

　港人の金儲けに対する意識は強く、とりわけ競馬に費やす金は他の国の人々よりも多いとされる。競馬を運営する香港ジョッキークラブは、かつてロイヤル・ジャッキークラブと呼ばれ、「香港を動かすほどの力」をもっていたという。

Central

イギリス植民都市の発展

参考文献

『香港』(中嶋嶺雄 / 時事通信社)
『全調査東アジア近代と都市と建築』(藤森照信 / 筑摩書房)
『香港の都市再開発と保全』(福島綾子 / 九州大学出版会)
『香港』(村松伸 / 東方書店)
『空へ伸びる都市空間』(原田鎮郎 / オーム社)
『東と西』(クリスパッテン / 共同通信社)
『風水先生』(荒俣宏 / 集英社)
『世界大百科事典』(平凡社)
[PDF] 香港空港案内 http://machigotopub.com/pdf/hongkongairport.pdf
[PDF] 香港 MTR(地下鉄)路線図 http://machigotopub.com/pdf/hongkongmetro.pdf
[PDF] 地下鉄で「香港めぐり」 http://machigotopub.com/pdf/metrowalkhongkong.pdf
[PDF] 香港トラム路線図 http://machigotopub.com/pdf/hongkongtram.pdf
[PDF] 香港軽鉄路線図 http://machigotopub.com/pdf/hongkonglrt.pdf

まちごとパブリッシングの旅行ガイド
Machigoto INDIA , Machigoto ASIA , Machigoto CHINA

【北インド - まちごとインド】

001 はじめての北インド
002 はじめてのデリー
003 オールド・デリー
004 ニュー・デリー
005 南デリー
012 アーグラ
013 ファテープル・シークリー
014 バラナシ
015 サールナート
022 カージュラホ
032 アムリトサル

【西インド - まちごとインド】

001 はじめてのラジャスタン
002 ジャイプル
003 ジョードプル
004 ジャイサルメール
005 ウダイプル
006 アジメール（プシュカル）
007 ビカネール
008 シェカワティ
011 はじめてのマハラシュトラ
012 ムンバイ
013 プネー
014 アウランガバード
015 エローラ
016 アジャンタ
021 はじめてのグジャラート
022 アーメダバード
023 ヴァドダラー（チャンパネール）
024 ブジ（カッチ地方）

【東インド - まちごとインド】

002 コルカタ
012 ブッダガヤ

【南インド - まちごとインド】

001 はじめてのタミルナードゥ
002 チェンナイ
003 カーンチプラム
004 マハーバリプラム
005 タンジャヴール
006 クンバコナムとカーヴェリー・デルタ
007 ティルチラパッリ
008 マドゥライ
009 ラーメシュワラム
010 カニャークマリ
021 はじめてのケララ
022 ティルヴァナンタプラム
023 バックウォーター（コッラム〜アラップーザ）
024 コーチ（コーチン）
025 トリシュール

【ネパール - まちごとアジア】

001 はじめてのカトマンズ
002 カトマンズ
003 スワヤンブナート

004 パタン
005 バクタプル
006 ポカラ
007 ルンビニ
008 チトワン国立公園

【バングラデシュ - まちごとアジア】

001 はじめてのバングラデシュ
002 ダッカ
003 バゲルハット（クルナ）
004 シュンドルボン
005 プティア
006 モハスタン（ボグラ）
007 パハルプール

【パキスタン - まちごとアジア】

002 フンザ
003 ギルギット（KKH）
004 ラホール
005 ハラッパ
006 ムルタン

【イラン - まちごとアジア】

001 はじめてのイラン
002 テヘラン
003 イスファハン
004 シーラーズ
005 ペルセポリス
006 パサルガダエ（ナグシェ・ロスタム）
007 ヤズド
008 チョガ・ザンビル（アフヴァーズ）
009 タブリーズ

010 アルダビール

【北京 - まちごとチャイナ】

001 はじめての北京
002 故宮（天安門広場）
003 胡同と旧皇城
004 天壇と旧崇文区
005 瑠璃廠と旧宣武区
006 王府井と市街東部
007 北京動物園と市街西部
008 頤和園と西山
009 盧溝橋と周口店
010 万里の長城と明十三陵

【天津 - まちごとチャイナ】

001 はじめての天津
002 天津市街
003 浜海新区と市街南部
004 薊県と清東陵

【上海 - まちごとチャイナ】

001 はじめての上海
002 浦東新区
003 外灘と南京東路
004 淮海路と市街西部
005 虹口と市街北部
006 上海郊外（龍華・七宝・松江・嘉定）
007 水郷地帯（朱家角・周荘・同里・甪直）

【河北省 - まちごとチャイナ】

001 はじめての河北省
002 石家荘
003 秦皇島
004 承徳
005 張家口
006 保定
007 邯鄲

【江蘇省 - まちごとチャイナ】

001 はじめての江蘇省
002 はじめての蘇州
003 蘇州旧城
004 蘇州郊外と開発区
005 無錫
006 揚州
007 鎮江
008 はじめての南京
009 南京旧城
010 南京紫金山と下関
011 雨花台と南京郊外・開発区
012 徐州

【浙江省 - まちごとチャイナ】

001 はじめての浙江省
002 はじめての杭州
003 西湖と山林杭州
004 杭州旧城と開発区
005 紹興
006 はじめての寧波
007 寧波旧城
008 寧波郊外と開発区
009 普陀山
010 天台山
011 温州

【福建省 - まちごとチャイナ】

001 はじめての福建省
002 はじめての福州
003 福州旧城
004 福州郊外と開発区
005 武夷山
006 泉州
007 厦門
008 客家土楼

【広東省 - まちごとチャイナ】

001 はじめての広東省
002 はじめての広州
003 広州古城
004 天河と広州郊外
005 深圳（深セン）
006 東莞
007 開平（江門）
008 韶関
009 はじめての潮汕
010 潮州
011 汕頭

【遼寧省 - まちごとチャイナ】

001 はじめての遼寧省
002 はじめての大連
003 大連市街
004 旅順
005 金州新区

006 はじめての瀋陽
007 瀋陽故宮と旧市街
008 瀋陽駅と市街地
009 北陵と瀋陽郊外
010 撫順

【重慶 - まちごとチャイナ】

001 はじめての重慶
002 重慶市街
003 三峡下り（重慶〜宜昌）
004 大足

【香港 - まちごとチャイナ】

001 はじめての香港
002 中環と香港島北岸
003 上環と香港島南岸
004 尖沙咀と九龍市街
005 九龍城と九龍郊外
006 新界
007 ランタオ島と島嶼部

【マカオ - まちごとチャイナ】

001 はじめてのマカオ
002 セナド広場とマカオ中心部
003 媽閣廟とマカオ半島南部
004 東望洋山とマカオ半島北部
005 新口岸とタイパ・コロアン

【Juo-Mujin（電子書籍のみ）】

Juo-Mujin 香港縦横無尽
Juo-Mujin 北京縦横無尽
Juo-Mujin 上海縦横無尽

【自力旅游中国 Tabisuru CHINA】

001 バスに揺られて「自力で長城」
002 バスに揺られて「自力で石家荘」
003 バスに揺られて「自力で承徳」
004 船に揺られて「自力で普陀山」
005 バスに揺られて「自力で天台山」
006 バスに揺られて「自力で秦皇島」
007 バスに揺られて「自力で張家口」
008 バスに揺られて「自力で邯鄲」
009 バスに揺られて「自力で保定」
010 バスに揺られて「自力で清東陵」
011 バスに揺られて「自力で潮州」
012 バスに揺られて「自力で汕頭」
013 バスに揺られて「自力で温州」

【車輪はつばさ】
南インドのアイラヴァテシュワラ寺院には建築本体に車輪がついていて寺院に乗った神さまが人びとの想いを運ぶと言います。

・本書はオンデマンド印刷で作成されています。
・本書の内容に関するご意見、お問い合わせは、発行元の
 まちごとパブリッシング info@machigotopub.com までお願いします。

まちごとチャイナ
香港002中環と香港島北岸
〜ヴィクトリア・ピークと「100万ドルの夜景」[モノクロノートブック版]

2017年11月14日　発行

著　者	「アジア城市（まち）案内」制作委員会
発行者	赤松　耕次
発行所	まちごとパブリッシング株式会社
	〒181-0013　東京都三鷹市下連雀4-4-36
	URL http://www.machigotopub.com/
発売元	株式会社デジタルパブリッシングサービス
	〒162-0812　東京都新宿区西五軒町11-13
	清水ビル3F
印刷・製本	株式会社デジタルパブリッシングサービス
	URL http://www.d-pub.co.jp/

MP104

ISBN978-4-86143-238-5 C0326　　　Printed in Japan
本書の無断複製複写（コピー）は、著作権法上での例外を除き、禁じられています。